파도의 노래, 흰 꽃

샘문시선 1034

샘문학상 수상 시인
강성화 시선집

분명 어딘가에
그런 사랑 있을 거라고
그런 사랑 와줄 거라고

나도 모르는 사이
내 옆에 와서 사랑한다
손 잡아 줄 거라고
〈사랑을 만나다, 일부 인용〉

동기부여가 된
풍경 시간 사물 사람
기억하는 나의 이야기

나의 인생도
삶의 굴곡을 적은 서사시
그 자체인 것을
〈나를 표현하는 시, 일부 인용〉

또 누군가는
내일을 기대하며
꿈을 꾸는 오늘을 살아가고

그러면서 너와 나 우리 모두는

늘 푸르고 아름다운 삶으로
오늘이란 시간을 멈출 수 없지만
시간에 도전하는 멋진 청춘들이기를
〈오늘을 살아가는 삶, 일부 인용〉

님께

년   월   일

드립니다.

도서출판 샘문

신춘문예 샘문학상 수상 시인

파도의 노래, 흰 꽃

강성화 서정시집

신이 권능으로
나에게 필유곡절을 노래하게 하다

첫아이를 출간하기 전에는 알 수 없는 눈물길을 많이 걸었습니다. 이유 없는 반항을 거듭하면서 저를 창조한 그분께 저를 얼마나 약하게 만드셔서 사용하시겠습니까? 라는 질문을 하면서요. 저의 삶은 엉망진창이었지만 그분의 주권은 저를 그렇게 두시지 않았습니다. 저에게 어려움을 겪게 하시고 힘듦을 주셔서 정신을 똑바로 차리게 하시고, 온전하게 단련시키는 그분의 손길 때문에 회복의 길을 걷게 되었습니다. 그 이유가 그분의 필유곡절必有曲折이라 믿고 있습니다.

글을 쓰려고 시간을 내었으나, 노트만 쳐다보다가 쓰지 못한 날이 반복되기도 했었답니다. 그럴 때마다 친구들과 주위 분들의 응원과 격려로 이겨 내었던 것 같아 너무 감사하게 여겨집니다. 하루하루를 반추하며 떠오른 느낌들을 낙서하듯 적었으며, 누군가의 마음속을 들어가 보기도 하고, 사물을 볼 때도 주관적인 것보다는 객관적인 것을 더 느끼게 되었고, 특히 살아 숨 쉬는 공간에서의 생활들이 예전보다 더 감사하게 되고, 그 모든 것을 창조하신 위대한 분께 한 걸음 더 나아가게 된 시간들이 2년이었습니다.

신이 주신 감성으로 두 번째 아이를 출간하면서 세상을 향해 또 한 번 희망과 꿈을 쏘아 봅니다. 그분으로 하여금 큰 꿈을 가슴에 품었습니다. 꿈을 잃은 사람은 결코 살아 있는 게 아니라고 체험하며, 원대한 저만의 노벨문학상을 꿈꾸는 두 걸음을 옮겨 봅니다.

시인의 말

　신앙 서적은 아니지만, 저의 믿음이 감성의 바탕이 되었고, 무엇보다 힘들고 괴로움이 있는 분들에게 위로의 도움이 되었으면 하는 바램을 실어 봅니다

　본래 글이 짧은 사람임을 이해해주시고 저에게 뜻깊고 영광스러운 이 길을 열어 주신 분 "아들아 내가 너를 사랑한다"는 말씀을 해주시는 그분께 영광을 돌려드립니다

　출간을 도와주시고 응원해 주신 저의 스승이시며 베스트셀러 시인이시고 교수님이신 문학그룹샘문 이정록 이사장님을 비롯하여 샘문 가족의 임원님들 회원님들께 감사를 드리며, 문인 여러분들과 독자 여러분들께도 감사의 말씀을 드리며 이 글을 마칩니다.

2022. 08. 10.

수연 **강 성 화** 드림

사랑의 전복성과 서정적 절규와 기도가 영혼을 울리다

- 이정록(시인, 교수, 문학평론가, 칼럼니스트)

　강성화 시인은 2020년 10월경에 샘문시선에서 첫 시집 『그런 당신이 그리워 울었습니다』 시집을 출간한 후 약 2년여의 진통 끝에 서정시집 『파도의 노래, 흰 꽃』을 베스트셀러 명품브랜드 샘문시선에서 출간한다. 제1집 시집이 교보문고 "준베스트셀러"를 하였기에 이번 제2집도 기대가 크다. 한 권의 시집을 엮어내는 과정은 맨발로 가시밭길을 걸어야 하는 고통스런 수행이다. 어찌 창작이 쉽겠는가. 한 편의 시를 쓰기 위해 강성화 시인은 하루종일 직장에서 일을 하고 고단한 몸과 정신으로 숱한 고뇌에 밤을 하얗게 지새우며 고독감, 절망감, 그리고 허탈감 따위의 쓰디쓴 감정들을 추슬렀을 것이다. 가시밭길을 걸었을 것이다.

　시의 최고의 이상은 서정적 절규다. 혼의 울림이 없는 시는 시가 아니다. 현대시의 비평은 메타비평이다. 메타비평에는 숭고미, 골계미, 비장미, 우아미 등이 있으며 이 요소들은 생각을 시인을 훌쩍 키운다. 그의 작품에는 이러한 문학적 요소들을 녹여내려고 끙끙 앓은 흔적들이 골고루 베여있다. 순도가 높다. 그는 깨어있는 시인이고 이해와 사랑과 용서의 시인이다.

　본 시집에서는 제1부 사랑이 찾아왔습니다. 제2부 바람결에 내 영혼을 맡기리, 제3부 영원불멸의 글꽃, 제4부 운명으로 시작된 사랑의 전설, 제5부 동화 같은 사랑으로 구성되어

서문

있다. 이 시집은 '신춘문예 샘터문학상' 수상 시집이기도 하여 샘터문학상의 성격과 철학, 우수성을 잘 보여주는 시집이기도 하다. 문학그룹 샘문에서 배우고 성장한 시인은 어느덧 훌쩍 자라서 어른이 되었다. 그는 이제 당대를 살아가고 있는 사람들에게 단비로, 인간이 어떻게 삶을 살아야 할지를, 상처와 고통으로 힘든 나날을 보내는 이들에게 용기와 희망을 주려고 이 시집을 엮은 것이다.

사랑은 존재 혁명이다. 이 존재 혁명이 인문학적인 접근의 방법으로 도달하는 사회혁명이라고 할 때, 여기에는 인간 중심의 철학이 깊이 뿌리를 내리고 있다. 강성화 시인의 시에는 사랑이라는 큰 주제가 있다. 신에 대한 사랑, 자신에 대한 사랑, 사랑하는 사람에 대한 사랑, 이웃들에 대한 사랑이 줄줄이 엮여 나온다. 그만큼 강성화 시인은 인간이 살아가는 데에 필수가 사랑이라는 메시지를 던져준다.

그도 세상을 살아가면서 여러 가지를 겪고 자신의 삶을 되돌아보면서 구원자에게 귀의하고 새로운 사랑을 찾아 만나고 뜻하지 않는 시련의 시간도 맞이하였지만, 절대자의 구원으로 새로운 삶을 살게 된다. 이 모든 과정이 시에 표출되어 있고 그의 시는 문학적 기법을 구가하기보다는 진솔하며 담백한 시풍을 이어가고 있다. 그러면서도 삶의 경험에서 얻은 시의 언어가 담백함과 여유 속에서 풀려나오고 있어 난해하지도 않으면서도 강성화 시인이 느끼고 깨달았던 것에 대해 독자들도 쉬이 공감할 수 있을 것이다.

그의 시의 바탕을 이루는 「불완전한 삶」이라는 시에서는 "삶은 모두/ 완전하지 않아// 때로는/ 신을 의지하지// 완전한 곳을/ 바라보며// 나아갈 뿐이지"라고 하여 완전한 존재에 대한 바라봄이 바로 절대적 존재에 대한 희구이며 '바라보고 따르기'의 길에서 그는 시적 상상력을 얻어간다는 점이다.

그리고 「키 작은 꼬마」에서 "나이 오십에/ 어리다고 생각했다/ 나의 일이 아니면/ 방관하고 관심을 끊고// 내 삶이 그러했다// 키 작은 그 꼬마가/ 나라를 걱정하며/ 어느덧/ 어른이 되어가네" 아주 담백하고 평범해 보이지만 이 시의 전략은 돋보인다. 이 짧은 시에서 그는 울림과 반전을 계획한다. 1연의 서술에서 보여주는 것은 많은 사람들이 자신과 관련이 없으면 무관심한 삶을 살아가고 있고 자신도 과거에 그러했노라고 고백과 성찰을 한다. 그러한 삶은 분명히 키 작은 꼬마에 비유되는 삶이다. 그러나 성숙된 인간의 모습은 나라를 걱정하고 이웃들을 돌아보며 사랑의 삶을 살아가는 것이 결실의 인간임을 그는 말하고 있다. 그가 절절하게 깨달았기에 진솔함과 진정성을 느낄 수 있다.

성숙된 인간은 「뿌리 깊은 나무」에서 "그대와 나 머무는 곳/ 열매 맺는 뿌리 깊은 나무/ 한 그루 심어서/ 그대 사랑이 열리고/ 나이 사랑이 익어가니" 그 사랑은 그늘과 우산이 되고 아무도 뽑을 수 없는 깊은 뿌리를 내리자고 속삭인다. 강성화 시인은 인간 존재의 불완전성을 성숙함으로 변화시켜 전인간성으로 나아가고자 하고 거기에는 완전한 존재인 절대자에 대한 따름과 실천이 시가 탄생하는 마음 밭이 되고 있다. 그의 시에는 삶을 대하는 진지한 뼈대에서 오는 사랑의 사상과 함께 재치와 유머 또한 지니고 있고 그 안에는 강성화 시인만의 시에 대한 맛과 회초리가 있다.

문학적 의장 속으로 시인 자신의 정체를 한없이 감추거나 시인 자신도 어떤 이슈에 대해 정리하지 못하고 어지러운 속에서 자꾸만 난해해져서 독자를 피곤하게 하는 것보다 진정성이 느껴지는 삶의 경험 속에서 끌어올리는 한 단어나 한

서문

 문장의 시어 또는 시문으로 독자에게 커다란 메시지를 던져야 하는 것이 시 예술의 진정한 폭탄이다. 강성화 시인의 시가 이번에는 사랑이라는 충격파라면 다음에는 이웃들과 공동체의 삶에 더욱 양념을 치고 썩은 뿌리마저도 도려내는 폭탄을 던지길 바라마지 않는다.

 사랑이라는 존재 혁명의 완성은 사회혁명과 맞물려서 인간해방을 가져올 것이다. 그 길에 함께 하면서 더욱 풍요로운 상상력과 창조력을 더하여 발전하길 바란다. 늘 깨어있는 시인으로 늘 가슴 뛰는 시인으로 문단에 새로운 바람을 일으키는 시인으로 자리매김하길 바란다. 두 번째 시집의 출간을 축하드리며 앞으로 더욱더 정진하여 독자들로부터 사랑받는 큰 별이 되기를 기원한다. 수고 많이 하셨다.

파도가 피워내는 흰 꽃을 보고 울먹이다

박민수(계명대학교 기독교학과 교수)

저는 아침에 배달되는 신문을 통해 시를 만나고 있습니다. 아침 햇살을 마주하면서 시를 읽는 것은 마음의 행복입니다. 아침의 시는 지친 세상살이에 잠시나마 포근한 쉼을 제공해 줍니다. 저는 한 편의 시를 통해 사색에 잠기기도 합니다.

최근에는 동시를 만나고 있습니다. 동시는 저를 어린 시절로 돌아가게 합니다. 아침의 동시는 어린 시절을 조망하게 하면서, 추억이라는 계곡에서 물장구를 치게 합니다. 그럴 때면 저의 얼굴에는 행복의 미소가 흐릅니다. 얼마나 좋은지, 얼마나 행복한지, 얼마나 아름다운지…

저는 칠월의 오후 시간에 강성화 시인의 〈파도의 노래, 흰 꽃〉 시를 읽었습니다. 저는 동시를 읽으면서 해맑은 아이로 '어제의 나' 만났습니다. 그러나 오늘 저는 〈파도의 노래, 흰 꽃〉 시를 통해 어른이 된 '오늘의 나'를 만났습니다. 제 눈에는 눈물이 고여왔습니다. 시인의 마음이 무딘 나의 가슴에 와닿아서, 그리고 그 눈물이 나의 눈물로 전이 되어서…

추천사

(중략)

바다가 수없이 피워낸 꽃이
그의 눈물이 되어 <u>흐르고</u>
쉰 살이지만 아직은 서투른 어른,
넘지 못해 인생을 송두리 채 포기한 채
넘어져서 머물게 한 시간들

(중략)

저는 시에서 시인과 서로 만나고 있습니다. 시에 시인이 있듯이 저의 마음에도 시가 있어 시인과 하나 됨이 가슴 벅차게 합니다. 시 안에서 시인을 만나 이야기를 하고, 나를 만나 나와 이야기를 나눔이 참 행복합니다. 흰 꽃의 눈물을 흘릴 수 있음이 행복하네요. 유난히 오늘!

신춘문예 샘문학상 수상 시인

파도의 노래, 흰 꽃

강성화 서정시집

시인의 말 ········· 4
서문 ········· 6
추천사 ········· 10

1부 사랑이 찾아왔습니다

그냥 1 ········· 18
그냥 2 ········· 19
그녀의 일기장에 적힌 속마음 ········· 20
나의 혹독한 겨울 ········· 21
나의 정체성 ········· 22
아들아 내가 너를 사랑한다 ········· 23
이 땅의 끈질긴 영웅들 ········· 24
눈길 위에서 ········· 26
바라보는 사랑 ········· 27
사랑을 만나다 ········· 28
사랑의 온도 ········· 29
사랑이 찾아왔습니다 ········· 30
사랑하는 사람을 만나다 ········· 31
순백의 설산을 기억하며 ········· 32
영원한 태양이여 ········· 33
불완전한 삶 ········· 34
우정이라는 그릇 ········· 35
지란지교 ········· 36
키 작은 꼬마 ········· 37
해월가 ········· 38

2부 바람결에 내 영혼을 맡기리

가냘픈 목소리로 울지 않게 ········· 40
그녀의 노래는 달콤해 ············· 42
고단한 날의 넋두리 ··············· 43
사랑하는 이의 나침반 ············· 44
나를 위한 기도 ··················· 46
나를 표현하는 시 ················· 47
내 꿈이여 빛나라 ················· 48
눈을 감아도 그녀가 보입니다 ······ 49
멈춘 시곗바늘 ···················· 50
바람결에 내 영혼을 맡기리 ········ 51
사랑만 보이고 사랑만 들려요 ······ 55
사랑은 달고나 ···················· 56
사랑하면 할수록 ·················· 57
아름다운 비행 ···················· 58
어린 왕자는 나의 별 ·············· 59
움켜쥔 삶 ························ 60
이별이 오기 전에 ················· 61
향기로운 인연 ···················· 62
친구親舊 ·························· 63

3부 영원불멸의 글꽃

내가 죽도록 사랑하는 시詩 ····· 66
강태공의 심정으로 ····· 67
그녀의 웃음 ····· 68
그냥 내버려 둬 ····· 69
기도의 응답은 기다리는 것 ····· 71
떠나가는 여름아 ····· 72
기분 좋은 상상 ····· 73
메모리 ····· 75
영원불멸의 글꽃 ····· 76
빚진 자 ····· 77
세렌디피티의 사랑 ····· 79
오늘은 나의 빛나는 선물 ····· 80
오늘을 살아가는 삶 ····· 81
사랑의 파문 ····· 82
장마 ····· 83
참 좋은 사랑 ····· 84
초여름 밤하늘 풍경 ····· 85
태풍이 와도 이겨내리 ····· 86
파도의 노래, 흰 꽃 ····· 87
하늘의 처방전 ····· 89
인생 여정 ····· 91

4부 운명으로 시작된 사랑의 전설

1993년 그 해 사월에 ·················· 94
그는 알고 있었습니다 ·················· 96
기억하자 오일팔 ·················· 97
나를 위한 기도 2 ·················· 98
내 안에 그대 있고, 그대 안의 내가 있네 ·················· 99
농부의 향연 ·················· 101
눈을 감고 살며시 ·················· 102
꽃바람 불어 좋은 날 ·················· 103
상록의 계절 ·················· 104
뿌리 깊은 나무 ·················· 105
생각보다 많이 ·················· 107
나의 여왕 오월 ·················· 108
오롯이 찾아온 춘녀 ·················· 109
운명으로 시작된 사랑의 전설 ·················· 110
이별 주酒 ·················· 116
청춘가 ·················· 117
위대한 베스트셀러 ·················· 118
친구가 친구에게 ·················· 119
타임캡슐 ·················· 121
희망찬 날갯짓 ·················· 122

5부 동화 같은 사랑

soul mate ··· 124
꿈 ·· 125
동화 같은 사랑 ·· 126
요정의 약속 ··· 127
발가벗은 내 모습 ·· 128
봄날은 간다 ··· 129
사랑의 기부, 헌혈 ··· 130
사랑은 또 다른 이별 ··· 131
산수국 ·· 132
아침 ·· 133
숲속 음악가들 ··· 134
완전한 꽃길 ··· 136
인생은 우주로 가는 여행 ······································· 138
일기예보 ·· 140
침묵의 밤이 끝나면 ·· 141

1부
사랑이 찾아왔습니다

그냥 1

엄마에게 아기는
가장 귀한 존재여서
한순간도 눈을 떼지 않아요

내 늙으신 어머니도
나를 어린아이 대하듯이
틈나면 그냥 전화합니다

부모에게 자식은
어리나 늙으나
그냥 그냥 그런 귀한 존재인가 봅니다

그냥
엄마는 내가 좋은가 봅니다

그냥 2

나에게만 던져진 시련 때문에
하늘나라의 소망을 잊었을 때

그냥 그저 눈여겨 지키시며
그냥 그저 붙들고 계셨음을

제가 그렇게 귀한 사람이여서
한순간도 눈을 떼지 않으세요

그냥 내미시는 그분의 손길
저도 놓지 않을래요

그냥 이유 없이 주시는 사랑
저도 그 사랑 받을래요

그녀의 일기장에 적힌 속마음

내가 보고 싶다는 너의 마음
나를 좋아한다는 너의 마음
나를 사랑한다는 너의 마음
알고 있어

내가 다 아는데
적당히 해라, 적당히…
계속 그러면
내가 참을 수 없잖아

그런 너를 더 많이 보고 싶고
그런 너를 더 많이 좋아하고
그런 너를 더 많이 사랑하고
죽도록 사랑하게 될 테니까

나의 혹독한 겨울

하나둘 남아 있는 낙엽들이
고독과 쓸쓸함을 알려 주고
혹한기의 매서운 바람들이
인생의 힘겨움을 알려 주네

겨울이 준 쓸쓸함과 눈물
외로움과 고독을 이겨 내려네
멀지 않은 나의 봄을 위해

눈물이 있는 곳에는 영광이 있고
고독의 끝자락엔 희망이 있다네
나의 서울을 뛰어넘으려네
멀지 않은 나의 봄을 위해

나의 정체성

외로운 사랑을 구름으로 그리고
홀로된 사랑을 달처럼 그려내고
아름다운 사랑을 별처럼 그리는
화가는
사랑을 그림으로 말한다

구름을 보며 슬픈 사랑을 쓰면서
달을 보며 가슴앓이 사랑을 쓰고
별을 보며 아름다운 사랑을 쓰는
시인은
사랑을 글로 말한다

그럼 나의 정체성은 어떠할까?
그림으로 말하는 화가일까,
글로 말하는 시인일까?

아들아 내가 너를 사랑한다

내가 이렇게 눈뜨고 있는 이유는
그분이 저를 보고 계시기 때문입니다
저도 그분을 보아야 하니까요
내가 이렇게 소리를 듣는 이유는
그분이 저를 불러주시기 때문입니다
저도 그분을 들어야 하니까요

언젠가는 보지 말라고
눈을 멀게 하시겠지요
언젠가는 듣지 말라고
귀를 먹게 하시겠지요

나의 두 눈이 멀고, 두 귀가 먹고
내 심장이 멈춰진 날
그때도 지금처럼
이 말씀은 꼭 듣고 싶어요

"아들아 내가 너를 사랑한다"

이 땅의 끈질긴 영웅들

삼십오 년의 암울했던 일제 치하
삼 년 사십일의 비운의 민족 전쟁
웃음과 행복을 잃어버린 그 세월들
지금 우리는 또 다른 전쟁

몇 년째 자유의 일상으로부터
우리들의 삶을 우리들의 바람대로
그렇게 살아가지 못하는 공간이 되었다
그렇게 살아가지 못하는 시간이 되었다
그렇게 살아가지 못하는 사람이 되었다

좋은 땅에서 좋은 공기로 편안히 숨 쉬는
그렇게 살아가기를 손꼽아 기다리는 사람들
지금 우리가 그런 사람들이다

나라를 잃었을 때도 다시 찾았고
전쟁의 아픔이 있었지만 회복하였듯이
불현듯 모두에게 찾아온 역병
두려움 없이 함께 견뎌야 한다
망설임 없이 함께 견뎌야 한다
함께 하지만 함께 견뎌야 한다

그사이 어느덧 우리가
지상 독립의 영웅이고 전설이며

피와 목숨값으로 일제에 항거한
위대한 유산을 받은 이 땅에서
내 삶과 모두의 삶이
간절히 바라는 진정한 자유
행복의 날에 행복의 사람들과
우리는 독립을 외칠 것입니다

눈길 위에서

솜사탕 뿌리듯
설레는 마음
눈 내리는 길 산책 한다

걷다가 뒤돌아본 광경
눈 위에 놓인 내 발자국
다른 이들과 춤을 추네

하늘은 질투하듯
하얀 눈을 거두고
잿빛 눈으로 덧칠한다

바라보는 사랑

힘들어 바람에 꺾여도
다시 피는 사랑의 날들을

슬퍼서 비가 내려도
사랑비로 채우는 날들을

행복의 미소를 지으며
영화처럼 살아갈 날들을

둘이서 같은 마음으로
바라보는 사랑이여

***
To. DKFC 박미라 부부에게

사랑을 만나다

나를 좋아해 주는
사랑을 만나라고
사람들은 말합니다

다른 사람에게는 몰라도
나에게 쉬운 사랑을 만나라고
사람들은 말합니다

분명 어딘가에
그런 사랑 있을 거라고
그런 사랑 와줄 거라고

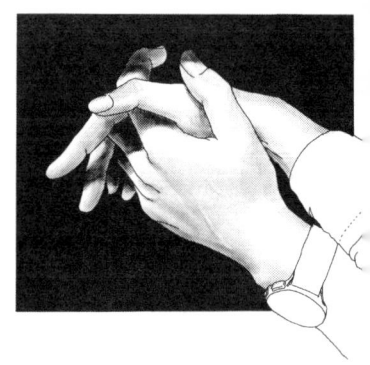

나도 모르는 사이
내 옆에 와서 사랑한다
손 잡아 줄 거라고

사랑의 온도

한겨울 차가운 바람이 붑니다
그녀를 마중 나와 기다립니다
그녀의 차가운 손을 만져봅니다
그녀는 그 손을 내 얼굴에 댑니다
그녀의 입술이 내게로 왔습니다
서로의 입술을 대고 서 있었습니다
금방 주위가 따뜻해집니다
사랑은 바람도 극복합니다
사랑은 온도가 있다더니
정말인가 봅니다

사랑이 찾아왔습니다

오래전부터
옆에 있었던 한 사람이
보이지 않습니다
그래서 그의 옆은 빈자리가 되었습니다

한사람이 가면 새로운 사람이 오니
그 사람을 받아들일 수 있도록
비워두라고 어떤 이가 말합니다
그래야 사랑을 채울 수 있다고

어느 날 그런 빈자리에 찾아온 사람이
아무것이나 먹어도 맛있다고 합니다
잠을 덜 자도 기분 좋다고 합니다
그 사랑이 그의 옆에 다가왔습니다

그의 옆 빈자리에
사랑이 찾아왔습니다

사랑하는 사람을 만나다

그리운 사람을 만나는 것은
아주 행복한 일이다
사랑하는 사람은 더욱 그러하다

하늘에서 나를 지켜주는 아버지
그 사랑을 기억하기 위해
과거로 가는 꿈을 꾼다

아버지와의 만남 너무 행복하다
꿈을 꾸고 있는 것을 잊은 채
그 시간이 멈추길 바라면서

눈을 뜬 후 또렷한 아버지의 모습
행복했지만 슬픈 여운이 남는다
고맙습니다 감사합니다

내가 살아 숨 쉬고 있는 동안
당신의 위대한 사랑 기억합니다
사랑합니다 아버지

***
아빠와 갑작스런 이별을 한 DKFC멤버
박미라에게 전해준 위로 시

순백의 설산을 기억하며

눈 내리는 설산
순백의 세상을 바라보니
벗들의 얼굴이 스쳐
나그네 인생 중반 길

순백의 눈, 순수의 마음
시간과 공간을 초월한
꿈 많고 철없던 순수함
삼십오 년의 돈독한 우정

서운한 우정
덕유산 설산에 묻고
새로운 우정
눈꽃처럼 아름답게
우리 가슴에 피어나리

***
덕유산에 올라 전화를 한 초등 친구 김재호

영원한 태양이여

일 년의 그대를 보고
한 달의 그대를 보고
오늘의 그대를 보면서

이 순간 가볍게 눈을 감고
황홀한 그대의 모습을
내 심상에 소망으로 채울지니

내 가족의 행복한 사랑과
내 벗들의 돈독한 우정과
내 삶의 모든 이들의 인연이

그대의 불변과 영원함을 나누어
나의 소원과 모두의 소망으로
강렬하고 건강한 지구 위에서

남은 생명에 희망의 빛으로
나와 모두의 삶들이
축배의 잔을 들게 하소서

불완전한 삶

삶은 모두
완전하지 않아

때로는
신을 의지하지

완전한 곳을
바라보며

나아갈 뿐이지

우정이라는 그릇

어느 곳에 이르니
그곳에 미소를 지으며
친구가 기다리고 있다

조금은 둘러 왔지만
나의 작은 행복을 채우는
친구가 있어서 좋다

서운했던 우리의 마음
흐르는 물에 흘려보내고
삼십 년이라는 긴 우정
다시 채울 수 있어서 좋다

지란지교

삶은 마음 가는 대로 살 수 없지만
글은 마음 가는 대로 쓸 수 있다
마음이 달라지면 삶도 달라질까?
삶이 좋아지면 글도 좋아질까?

마음을 먼저 다스려야
글도 잘 다스려질 것이다
글이 힘들 때 마음이 위로하고
마음이 힘들 때 글이 위로하는 상생

글이 마음이고 마음이 글이다
이 둘은 고상한 지란지교요
내 영원한 삶이리라

슬픔 아픔 이별을 삭혀주고
기쁨 행복 사랑을 채워주는
내 인생의 멋진 벗과 함께하는
순간, 순간들이 너무 행복하다네

키 작은 꼬마

나이 오십에
어리다고 생각했다
나의 일이 아니면
방관하고 관심을 끊고

내 삶이 그러했다

키 작은 그 꼬마가
나라를 걱정하며
어느덧
어른이 되어 가네

해월가

낮에 떠오르는 별
당신은 그 별과 같아요
따사로운 햇볕으로 내 가슴에
사랑이란 빛을 드리우네요

밤에 떠오르는 별
당신은 그 별과 같아요
영롱한 달빛으로 내 가슴에
사랑이란 빛을 드리우네요

해가 뜨고 지고 달이 뜨고 지고
수 없이 반복 하여도 몰랐습니다
그것이 사랑인 줄
당신은 그렇게 다가왔습니다

낮에 보아도 고운 님이여
당신의 사랑을 나도 사랑합니다
밤에 보아도 고운 님이여
그렇게 나의 당신을 사랑합니다

2부
바람결에 내 영혼을 맡기리

가냘픈 목소리로 울지 않게

공주 같은 사람이 있습니다
그녀는 가을이 되면
가슴에 가득 담고 있던
눈물을 쏟아내며
텅 빈 가을 앓이를 합니다

그녀는 울보가 아닙니다
아름다운 세상을 아끼고
온몸으로 사랑하기에
눈물을 쏟아내며
삶을 그려가고 있습니다

그녀를 마음에 담은 그 사람은
가냘픈 목소리로 울지 않게
그녀 앞에선 많은 말을 해야 합니다
가냘픈 목소리로 울지 않게
그녀 앞에선 많이 웃어야 합니다

그의 작은 정성으로 그녀가
기뻐했으면 좋겠다고 합니다
행복했으면 좋겠다고 합니다

그녀의 삶을 웃음으로 채우며
아껴주고 싶다고 합니다
가냘픈 목소리로 울지 않게

그녀의 노래는 달콤해

그녀가 나를 바라보며
말하고 싶은 것을
종이에 적어 달라고 합니다

당신을 좋아한다 사랑한다
그녀를 바라보면서
달콤한 사랑을 적었습니다

당신을 보고 싶다 사랑한다
나를 바라보면서
달콤한 노래로 속삭입니다

언제나 가만히 귀를 기울이고
그녀만 바라보면
달콤한 노래가 들려 옵니다

고단한 날의 넋두리

저녁 한 끼 걸러
지친 나를 위로하며 몸을 누인다
오늘은 무엇을 남겼는지
가물거리다 무거운 눈꺼풀을 내린다

잠시 스치운 기억
낮에서 밤으로 이어지는 그 시간
가을로 물들인
길을 홀로 걷고 싶었다는 기억뿐

시간의 여유
그것을 잡지 못한 지치고 피곤함
단풍도 오래가지 않을 것인데
가을의 별을 볼 여유도 없이

내가 살아 숨 쉬는 시간 중에
내 생이 다하는 그 순간은
기뻤고 행복했던 아름다운 추억만을
기억할 수 있으면 좋겠구나

사랑하는 이의 나침반

당신의 두 눈을 바라보며
당신의 두 손을 잡으며
당신의 마음을 나침반 삼아
길을 잃지 않는 아이가 되렵니다

사랑하는 당신의 두 눈이 있기에
사랑하는 당신의 두 손이 있기에
사랑하는 당신의 마음이 있기에
길을 잃지 않는 아이가 되렵니다

신이 주신 나그네 인생 오십 년
세상 속에 떠밀려 살아가지만
어린 어른의 모습으로
길을 잃지 않는 아이가 되렵니다

수많은 사람 중
나를 찾은 당신의 마음을 알기에
당신을 나의 나침반 삼아
길을 잃지 않는 아이가 되렵니다

나를 위한 기도

나를 보고 울어야 하는데
아무리 울어보려 해도 눈물이 나오지 않아요
내 영혼을 내어놓아야 하는데
아무리 생각해도 한없이 부끄러워 숨기네요
내 죄를 고백해야 하는데
아무리 눈을 떠도 십자가가 보이지 않아요
주님의 은혜를 구해야 하는데
아무리 애써 봐도 사모함을 잃어버려요
주님을 찬양해야 하는데
아무리 입을 떼도 목소리가 나오지 않아요

오 주님!
주님을 향한 저의 영혼을 회복시키시고
눈물로 죄를 고백하고 십자가에 무릎 꿇게 하시고
은혜를 사모함과 찬양을 회복시켜 주시옵소서
저를 위해 지신 십자가를 내 십자가로 고백하여
십자가의 눈물을 회복시켜 주시옵소서
약한 믿음의 기도일지라도
저의 기도를 기억하고 들어주시옵소서

나를 표현하는 시

함축적이지 않아도
그 순간을 담아본 단어
그 순간을 기억한 문장

동기부여가 된
풍경 시간 사물 사람
기억하는 나의 이야기

나의 인생도
삶의 굴곡을 적은 서사시
그 자체인 것을

내 꿈이여 빛나라

내년이면 인생의 반을 산 것이다
살아온 인생 노트를 들추어 보니
많은 것들을 보고 경험했다

기억에서 지워지지 않게
가끔 적어서 가두어두기도 했던
인생 공부
세상을 알 만큼
인생 노트 속에서 자랐건만
여전히 모자라는 나의 인생 공부

오늘은 비가 내려
밤하늘을 수놓은 별들을
가슴에 담아 집에 가져가
방 천장에 수놓을 수는 없지만

내 인생 공부의 꿈들이 현실이 되어
밤하늘의 별처럼 빛이 나기를
가슴에 품고 집에 들어와
방 천장에 펼쳐 본다

눈을 감아도 그녀가 보입니다

드라마 주인공처럼
해를 품은 달이지 않고
달을 품은 해이지 않는
해와 달을 품은 사람 같은 천사가 있습니다

밤이 무서워 해가 된 누이
해가 되었지만
동생 대신 달이 된 오라버니
그들이 내려준 동아줄로 동화처럼 왔습니다

그 천사는 이 땅에 내려와
날을 사랑하고 해를 사랑하며
그들의 사랑을 더 사랑하는 사람이 되었습니다

어느 곳, 어느 때든지
늘 내 곁에 있을 해월이라는 이름을 가진 당신
눈을 감아도 그녀가 보입니다

멈춘 시곗바늘

잘 착용하지 않은 손목시계
오래전 잠을 자고 있었네
문득 떠오른 아버지의 말씀
"애야, 시계가 잔다, 밥 좀 주거라"

가족사진들보다 귀해
방 가장자리 걸린 오래된 벽시계
변함없는 몸을 흔들며
울부짖는 밥주걱만 한 추

아버지에 대한 그리움을 준
벽시계를 추억하듯
손목시계도 잠을 재운다

바람결에 내 영혼을 맡기리

청아한 공기를 들이마시며 가깝고도 먼 산을
마주한 채
푸른 하늘 속 헤엄치는 구름을 보며 실바람
살랑살랑 불어오는 호숫가
의자에 기대어 한 길 물 위로 낚싯대를 던져 놓고
스르륵 잠들어 꿈을 꾼다
눈을 감고도 모든 것을 볼 수 있고 느낄 수 있다
신기하게도 나는 꿈속에 있는 나를 발견한다

"내가 없을 땐 바람이 불면 그게 나인 줄 알아"
"그럼 이 바람도 너야?"
"내 친구들이야, 난 죽으면 다시 바람이 될 거야"
두 사람의 대사가 마치
스크린을 통해 보는 듯 꿈속처럼 펼쳐진다

어제보다는 오늘이, 오늘보다는 내일이 좀 더
나아질 것이라고
꿈꾸며 사는 내가 영화 속으로
동화가 되어 버린 걸까?
상상할 수 없는 변화가 일어나 갑자기 바람이
보이고 느껴진다
순간 당황하며 눈을 감았다

아! 이것은 공기다 공기가 느껴진다
허공을 흘러가는 공기일 뿐인데 스크린을 통해
보는 것 같다
그것도 너무 명확하게 보인다
어디서 불어왔는지 바람이 나를 때리고 지나간다
동쪽일까? 서쪽일까?

동서남북 사방에서 불어오는 바람은
샛바람, 하늬바람, 갈바람, 마파람, 높새바람,
된바람 등 다양하다
지금은 어떤 바람일까?
나는 이 바람결에 내 몸을 맡겨 보리라 이런
생각들이 든다

내 안에 걱정들이 남아 있다면 바람처럼 부딪쳐
보는 건 어떨까?
가만히 멈춰 선 채 걱정만 하는 것보다는 바람처럼
움직여 보던가, 하는…
창조주께서는 자연과 사람을 따로 만드셨으나
더불어 상생하라 하셨으니
바람도 자연이다, 바람이 나를 창조주께
인도함이로구나

바람은 시원함을 안겨주고 땀을 가져가고
우리에게 필요 없는 악취도 가져간다
상쾌한 향기도 가져다준 차분한

실바람. 바람의 세기에 따라
실바람, 남실바람, 산들바람, 건들바람, 흔들바람,
센바람, 큰바람, 큰센바람, 노대바람, 왕바람 등
내 친구들처럼 다양한 녀석들이 많다

꿈속에서의 나는 이 친구들을 볼 수도 있고
끌어안을 수도 있었다.
때로는 손으로 잡으려고 하면 손가락 사이로
빠져나가기도 한다
손안에 미끈거리면서 말랑거리는 이 느낌!
내 옆에 멈추어 있기도 하고 때로는 서성이다가
날아가기도 하는 바람
이 바람을 손에 움켜쥘 수 있다고 한다면
사람들이 믿어줄까?

눈을 가려도 몸으로 보고 느끼는 감각,
이것이 꿈이 아니고 현실이라면
세상을 살아감에 눈과 귀가 필요치 않을 것이며
그런 사람만이 바람결을 느낄 수 있고
잡을 수 있을 것이다

숲은 땅의 숨결을 느낄 수 있듯이,
개울가의 청개구리의 울음으로 비를 느낄 수 있고
때로는 귀를 닫고 눈을 감아
마음을 비우고 세상을 걸을 때
길이 아니다 싶으면 바람이 바로 잡아 줄 것이다

계절풍이 불고 곡풍이 불고 산풍, 연풍, 황사바람,
국지풍, 돌풍, 태풍이 불며
세상의 온갖 바람과 방황 속에서도
나를 놓치면 안 된다
온몸으로 바람을 느끼고 바람을 잡아 풍토병으로
인한 세상의 감염을 떨쳐버리고
가슴속의 의욕이 다시 피어나 해풍이 불고 육풍이
불어오더라도
우리는 지금보다 더 아름다운 세상을 꿈꿀 권리가
있는 것이다

중국 전국시대 현자였던 맹자가 왕에게 한 말 중
"불감청不敢請이면 고소원固所願이다"
"감히 청하지 않았을 뿐, 진실로 원하던 일이다",
라는 말이 있다

우리들의 삶에 기쁜바람 슬픈바람 힘든바람 등 수
많은 바람이 불더라도
바람결에 내 몸을 맡겨 끝나지 않은 펜데믹이지만
눈을 감고 바람을 잡듯
두 주먹으로 풍토병을 잡아내어 무엇에도 휘둘리지
않도록 스스로 다스리고,
나의 꿈을 위해 내 속에 있는 것들을
하나씩 비우면서 맑게 채우기를 반복하여
꿈과 도전의 삶을 살아가리라

사랑만 보이고 사랑만 들려요

당신의 사랑만 바라보세요
사랑은 눈을 감아도
서로가 서로에게 마음으로
가슴으로 바라볼 수 있어요

당신의 사랑만 노래 불러요
사랑은 달콤한 입맞춤
서로가 서로에게 들려주는
달콤한 노래로 들릴 거에요

우리가 함께 나누는 이사랑
영원히 변함이 없을 이사랑
서로가 진심을 담은 이사랑
한순간도 멈출 수가 없어요

사랑은 달고나

사랑을 하게 되면
그 사랑의 설탕이 되고
부서지지 않을 사랑을 위해
그 사랑만 사랑하게 됩니다
그래서 사랑은 달콤합니다

서로의 달달한 사랑으로
하늘의 별을 따 주면서
그 사랑을 확인시켜 줍니다
그래서 사랑은 달콤합니다
달고나처럼

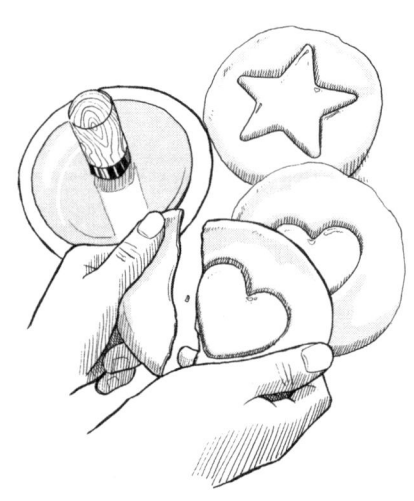

사랑하면 할수록

사랑하면
그 사랑 때문에

바라는 것이 없을 줄 알았다
세상이 아름다울 줄 알았다
아무것도 안 보이는 줄 알았다

아니더라
사랑하면 할수록

사랑한다는 말을 더 바라더라
아름다운 세상이 축복하더라
눈을 감아도 그 사랑이 보이더라

아름다운 비행

어떤 이는
앞날을 위해 성공하려는 비행
산을 타며 정상에 오르는 비행
글을 쓰며 행복을 전하는 비행

저마다
꿈을 향해 도전하는 멋진 사람
꿈을 현실로 만드는 멋진 사람
꿈을 하나씩 이루는 멋진 사람

무엇보다 간절히 이루어야 할
마스크 없이 세상을 비행하는 꿈
마스크 없이 서로를 바라보는 꿈
웃는 얼굴로 내일을 이어가는 꿈

결코 꿈이 아니라 현실이 되어야 할
어제였고 오늘이고 내일이 될
우리들의 아름다운 비행 이여라

어린 왕자는 나의 별

"밤하늘에 별들이 왜 저렇게 많은 줄 아니?"
하늘에서 어린 왕자가 별들을 바라보며
어린 어른인 나에게 물었다
"글쎄다"
"그건 외로운 사람들과 슬픈 사람들이 많아서,
세상을 살 때 힘이 되고 길을 비춰주기 위해서
수많은 별이 있는 거야"

어린 어른은 밤하늘에 별들을 바라보며
어린 왕자에게 속삭였다
"너는 세상 사람들이 너를 좋아하고
사랑하고 있으니 외롭지 않잖아,
너는 별이 필요 없겠다
나는 여전히 슬픔도 외로움도 가득해
내 길은 어두워서 보이지 않아"

어린 어른인 나는 어떤 별이 나의 별일까?
밤하늘을 올려다보았지만 찾을 수 없어
어린 왕자에게 속삭였다
"네가 나의 별이 되어줘,
나의 길을 비추어 주고 나의 외로움을 함께해줘,
그래 줄 수 있지?"

움켜쥔 삶

두 손을 움켜쥐어 본다
머리로 먼저 생각을 하게 되고
머리에서 손으로 이어지는
모든 근육과 힘줄이 반응을 한다

그분의 사랑으로 태어난 이 땅에서
내가 살아 숨 쉬고 뿌리를 내리고
그분이 주신 나의 소중한 시간들로

삶의 현장에서 나누는
사람과의 정겨운 웃음과 눈물
그분이 주신 나의 재능으로
인생의 반 세월을 살아오면서
반항의 행동들이 이어진 시간들

미덥지 않은 나의 삶이지만
모든 생각과 근육을 움직이게 하시는
나의 영혼과 피가 되시는 그분이
여전히 나를 생동시키시니

오늘도 두 손을 움켜쥐고
감사의 기도를 드립니다

이별이 오기 전에

서로 사랑하는 연인이나
언제나 영원할 것 같던 친구들
사랑으로 보살펴 주신 부모님
사랑으로 맺어진 남편과 아내

누군가를 꼭 닮은 아들과 딸
모두가 삶의 소중한 인연이다
그 소중한 인연의 누구와도
뜻하지 않는 이별을 경험한다

헤어져 멀리 떠나버린 이별
세상을 벗어나 하늘로 간 이별
그 슬픔의 이별들이 그리운 날

이별이 오기 전 시간으로 거슬러
시곗바늘을 거꾸로 돌려놓는다

이별이 오기 전에 마주 바라보며
이별하는 미래는 바꿀 수 없으나
말하지 못한 것을 들려주고 싶다
많이 슬퍼하지 않을 지금을 위해

향기로운 인연

별빛처럼 다가와
바람처럼 부딪쳐
인연이 되고

햇살처럼 다가와
바람처럼 부딪쳐
사랑이 되고

사랑처럼 다가와
꽃처럼 피어나
인연의 향기 뿜는다

친구 親舊

친구란 단어를 백과사전에 찾아보면
예전부터 친하게 지낸 사람을 말한다
친하다는 것은 사랑한다는 것이다
사랑하니까 즐거워지고, 사랑하니까 힘이 나고
그렇기에 친구가 좋은 것이다

그런 친구 사이에도
찬 바람이 불 때도 있을 것이고
먹구름이 몰려올 때도 있다
사람과 사람 사이에는 늘 공간이 존재한다는데
사랑하다가 미움이 생겨 서로 등을 지면
지구 한 바퀴의 거대한 공간이 생긴다는데

이 공간은 때때로 서로의 정치적인 차이,
물질적인 차이, 지식의 차이, 종교의 차이와 같은
것들로 이루어질 수도 있을 것이다
두 사람 중, 한 사람의 미움이 더해지면
돌이킬 수 없다는 사실을 나는 경험하면서
깨달은 바가 있다

용서와 잊는 것
사랑한다면 용서하고 잊어야 한다
용서한 사람과 용서한 사실도 잊어야 한다
그래야 친구다

3부
영원불멸의 글꽃

내가 죽도록 사랑하는 시詩

이렇게 멋진 것을…
왜?
사랑하지 않았을까?

한 줄의 기쁨과 즐거움을
한 줄의 슬픔과 간절함을
한 줄의 아름다운 시를

내가 쓰고 있는 한 줄의 사랑 이야기
세상을 향해 소곤대는 나의 연인
나는 죽도록 사랑한다

강태공의 심정으로

간간이 오는 물고기 입질
내 마음 너의 마음 실랑이 싸움
스쳐 가는 수많은 세월
강태공의 심정이 이러하리

누가 이기든 지든 무슨 상관이랴
물고기와의 싸움처럼
세상살이도 가끔
질 때도 있고 이길 때도 있다

모든 낮 모든 밤
세상은 전쟁을 반복하는 삶
전쟁에서 이기고 지는 것
자신의 행동과 마음 씀씀이에 달려있다

늘 승리하는 삶이 아니여도
모든 날 모든 밤
세월 낚는 강태공 심정으로
웃으며 숨을 쉴 것이다

그녀의 웃음

전화도 하지 않았습니다
문자도 하지 않았습니다
하루 연락하지 않았다고
토라져서 전화가 왔습니다

그는 미소 가득
가끔은 말할 수 없을 정도로
내 사랑 당신을 생각하느라
깜박했다고 말해 주었습니다

그러더니
그녀는 웃으며
사랑한다고 말하더이다
사랑이 이렇게 쉬운 것을

그냥 내버려 둬

글을 쓸 때면 내 존재를 잊는다
잊는다는 것보다는
내 안에 나와 마주한다
새벽 두 시
모든 것들이 잠들어 있는 시간
나와 내가 잠들지 않는 꿈을 꾼다

나의 생각들을 머릿속에 담고만 있어도
마주한 내가 보란 듯이 가슴으로 느껴
살아있는 그림으로 펼쳐 놓는다
나의 생각으로 아름다운 꽃을 피우면
마주한 내가 보란 듯이 바람을 일으켜
꽃향기를 온몸에 휘감아 놓는다

눈을 감고 명상을 하듯
내가 가지고 있는 모든 심상과 감각
자연에 맡기고 사물에 맡기고
세상에 맡기고 신께 맡기고
내가 나를 사랑하는 어둠 속에 빛

밤이 길면 꿈도 길다고 했던가
나와 내가 존재의 경계가 허물어져
둘일 수도 셋일 수도 있는 나
새벽 두 시
잠들지 않는 꿈의 시간을 이어가리
나와 나
우리들을 그냥 내버려 둬

기도의 응답은 기다리는 것

시간이 여유로운 사람
마음의 힐링이 필요한 사람
물고기를 잡으러 오는 사람
물고기를 잡지 않아도 즐기러 오는 사람
물고기 잡을 때의 손맛을 보러 오는 사람
낚시하는 사람들도 여러 부류다

나 또한 낚시를 즐긴다
낚시하는 사람들을 옆에서 보면
배울 것이 있다 기다리는 것
고기가 있는 물속에 낚시를 드리우고
월척이 언제 잡힐지는 모르는 시간
잡힐 것이라고 믿고 기다린다

하나님께 부르짖는 나의 소망의 기도
신실하지 않는 믿음의 기도이지만
하나님께서 기억하고 계실 것이며
응답을 언제 주실지 모르는 시간
기다리면 들어 주실 것이라고 믿고
때가 되면 이루어 주실 것이다

떠나가는 여름아

그대는 강렬한 열정으로
만물을 생육시키는 빛을 뿌리고
낟알을 영글게 하는 존재이기도 하지

태풍을 몰아오고
폭우를 쏟아부으며
기나긴 장마로 풍경과 서정을
훼손하기도 하였지

이천이십 년의 여름아
재난과 아픔과 희망을 가져다준
그대를 어찌 잊을 수 있겠는가
그러나 고이 보내 드리리

돌아올 여름에는
재난과 아픔보다는
희망을 가득 안고 오는
그대이기를 기대하며 안녕!

기분 좋은 상상

바늘구멍만 한 틈이 있는
누에고치
세상에 나오기 위한
한나절 동안의 처절한 몸부림

그 힘든 과정 치르고 나오더니
팔랑팔랑
화려한 날갯짓으로
하늘과 세상을 향해 날아간다

내 몸과 마음에 붙은
날개뼈와 날개 근육
삶의 어려움을 연단하여
강하고 강하게 펼치며

나의 두 날개로
나비처럼 화려하게
사랑스런 내 님에게
사뿐히 내려앉기도 하고

때로는
하늘의 새들처럼
바람을 가르고
훨훨 구름을 가르고 싶다

메모리

그녀와 당신 기억의 시간 중에도
사랑만 있었던 것은 아니었을 텐데

웃으며 손잡고 거닐던 시간 중에도
비바람이 불어 흔들렸을 텐데

사랑의 햇살이 내리던 시간 중에도
미움의 시간이 있었을 텐데

둘이 함께하지 못하던 시간 중에도
사랑하지 않을 수도 있었을 텐데

많은 시간들 중에
그녀와 당신 기억에 저장해 놓은 건

단 한 가지
그녀와 그의 사랑

영원불멸의 글꽃

화분에 글을 심었습니다
물을 뿌려주고
거름도 뿌려주었습니다
바람을 맞게 하고
햇살도 쬐어 주었습니다

화분에 싹이 돋았습니다
기쁨을 알게 하고
슬픔도 알게 하였습니다
고독을 알려 주고
사랑도 알려 주었습니다

화분에 꽃이 피었습니다
그 꽃은 사랑으로 피었습니다
그 꽃은 열정으로 피었습니다
이 세상에 내가 없어도
그 꽃은 영원히 피어 있을 것입니다

빚진 자

뜻하지 않게 닥친 사고
평상시 누렸던 일상의 자유
굉장한 축복이라고 느껴진
두 달의 수감생활

멈춰버린 나의 시간은
두려움으로 흘러가고
불안 절망 죄책감
이러한 것들로 가득 찬 공간

신뢰받지 못한 부끄러움에
십자가를 볼 수 없는 약함
당신을 찾을 수 없는 나약함
아시지 않습니까?

이런 고통을 당하고 있는데
당신은 어디에 계십니까?
마음에서는
이런 울림이, 이런 간절함이

수많은 별에 이름까지 기억하시는
그분의 은혜와 믿음의 사람들의 기도
큰 사랑의 빚진 자 되어
이유 없는 그분의 사랑에 휘둘리네

세렌디피티의 사랑

좋은 일이 생겼을 때 행운이라고 합니다
그런 사람을 보고
운 좋은 사람이라 합니다
행운은 말 그대로 우연히 오니까요

같은 시간 두 사람에게 찾아온 행운
두 사람은 그 행운을 사랑이라 합니다
운명처럼 서로 행운을 나누며 사랑합니다

영화처럼 동화 같기도 한
세렌디피티의 사랑
운명으로 나아온 그들의 사랑처럼

오늘은 나의 빛나는 선물

선물을 받으면 기분이 좋다
날마다 아침에 눈을 떠
어떤 선물을 받을지 기대하며
오늘을 시작한다

꿈과 희망 속에 숨 쉬다 보면
오늘도 어느새 저만치 가 있다
오늘의 오늘은
내일의 선물이 아닌 오늘의 선물

다가올 미래의 모습보다
가장 젊은 나를 위한
보석보다 빛나고 아름답고 멋진
청춘의 선물일 테니까

오늘을 살아가는 삶

누군가는
실패를 반복하며
실망하는 오늘을 살아가고

누군가는
어제를 위로하며
걱정 없는 오늘을 살아가고

누군가는
오늘을 도전하며
미소 짓는 오늘을 살아간다

또 누군가는
내일을 기대하며
꿈을 꾸는 오늘을 살아가고

그러면서 너와 나 우리는

늘 푸르고 아름다운 삶으로
오늘이란 시간을 멈출 수 없지만
시간에 도전하는 멋진 청춘들이기를

사랑의 파문

그대 가슴에
작은 연못 하나
그 깊이는 알 수가 없어요
사랑이라는
작은 돌멩이 하나
퐁당거리며 파문을 일으켰어요

그대 가슴이 만약
큰 호수였더라면
사랑의 파문을 알 수 없었을 거예요
그대 작은 연못에
사랑으로 퐁당거리는
작은 돌멩이 무게는
큰 바위 무게쯤 될 거예요

장마

순식간
소낙비 얻어맞은
앞산
푸른 멍 짙어지는데

하늘에서는
잿빛 옷고름
풀어 헤치며
감싸주는 저 구름

산을 바라보고
저 구름을 바라보고
괜시리
이유 없는 그리움

바라보면
바라볼수록
더 깊어지는
잿빛 그리움

참 좋은 사랑

말하지 않았는데
그의 마음을 읽어주는 사람
그런 사람이
그를 좋아합니다

눈만 깜박거렸는데
아낌없이 마음을 주는 사람
그런 사람을
그녀도 좋아합니다

그를 위해
그녀를 위해
그들을 위해
좋은 사랑을 합니다

초여름 밤하늘 풍경

해가 뜨고 해가 지고
어둠이 밀려와 짙어지고
대지는 캄캄한데 하늘은 환하다

초여름 밤하늘
굉장히 선명하게 보여

셀 수 없는 별들은
하나같이 친구 별보다 더
빛나게 보이려 애교 부리고

밤하늘에 홀로 떠 있는 달 하나
영롱한 그 광채 기품있어 보여

가끔 지나다니는 구름은
질투 나서 달과 별들을
잿빛 구름으로 가리운다

이 또한 조물주께서 선물해주신
초여름 밤하늘의 조화로운 광경이다

태풍이 와도 이겨내리

내 몸을 날려 버릴 듯
바람이 세차게 분다
허한 마음이 나무에 부딪쳤다가
바닥으로 추락한다

내동댕이쳐진 심상이
부서지고 찢기고
내가 그러하듯
그대의 마음도 그러하리

오늘은 내가
그대의 손을 잡아 주리니
내일은 그대가
나의 손을 잡아주오

우리의 삶
거친 태풍이 몰아쳐도
그대와 나
손깍지 꼭 끼고 이겨내리

파도의 노래, 흰 꽃

바다가 찾아온다고 하네
그에게 보여 줄 것 있다고 하네
바다가 바람으로 전해주네
그새 소식을 찾아온 바다,
하늘, 구름, 태양

저 멀리서 파동을 일으켜
테트라포드에 부딪쳐
뛰어넘으려다 실패하고
다시 뛰어넘으려다 꽃망울 터트린다
하얗게 꽃이 핀다

바다가 수없이 피워낸 꽃이
그의 눈물이 되어 흐르고
쉰 살이지만 아직은 서투른 어른,
넘지 못해 인생을 송두리째 포기한 채
넘어져서 머물게 한 시간들

봄 바다가 선물한 꽃들이
그의 서투른 가슴에 꽃씨를 뿌린다
그는 재도전의 꿈을 다시 꾼다
해, 달, 별들의 도움으로
쉰 살에 인생의 꽃을 다시 피운다

하늘의 처방전

하늘은
수많은 사람과 운명이 얽힌 곳에
그를 던져 놓았다
하늘은
수많은 사람과 운명이 얽힌 곳에
그녀를 던져 놓았다

하늘은
그들에게 같은 마음을 주어
서로를 생각하고 그리워하고
가슴이 콩닥콩닥 뛰게 하여
아파도 못 견디게 아프게 하고
쓸데없이 가슴앓이를 주었다

하늘은
그들이 애처로운지
같은 열병을 앓게 하였다
하늘은
그들이 사랑스러운지
같은 약을 처방해 주었다

하늘은
그 약으로 인해
그녀 마음 앞에 그를 서 있게 하고
그의 마음 앞에 그녀를 서 있게 한다

인생 여정

한 점
두 점
바람은 나를 스쳐 지나가며
민들레 홀씨 구름까지 흩날리고

한 조각
두 조각
구름 세 조각 동쪽에서 밀려와
서쪽 하늘의 태양을 가리 웁니다

한 방울
두 방울
떨어지는 내 눈물 하늘에서 알고
가냘픈 비를 가슴에 적셔 줍니다

이 생각
저 생각
불현듯 떠오르는 온갖 생각들도
비둘기 날갯짓으로 날려 버리고

이 꿈
저 꿈
내 모든 것을 견디게 하는 꿈들로
희망의 오늘, 희망의 봄날을 살아

한 걸음
두 걸음
내 발걸음 어디로 향할지 몰라도
걸음걸음마다 의미를 담아 봅니다

4부
운명으로 시작된 사랑의 전설

1993년 그 해 사월에
- 비슬합창단 동아리

학과 동기들과 우정을 나누고
동아리 동기들과 우정을 쌓으며
꿈 많던 새내기 학창 시절
빛의 속도로 흘러가고
입영 통지서를 받은 봄

나라의 부름을 받았기에
어딜 가도 늘 대접받는 몸
입영 날짜 이틀을 앞두고
"건강하게 잘 다녀와"
기쁘게 떠나보낸다는 자리

이등병의 편지,
입영열차 안에서…
위로한다며 불러준 노래들
그들을 떠나는 것이
나를 더 슬프게 했어

정말 많이 슬펐어
창피한 줄 모르고 서글픈
눈물을 뚝뚝

나를 달래며 따라 울고
스무 명이 같이 울었던 동아리방

동기들이 보내온 손편지
그리움으로 읽었던
잊히지 않는 나의 계절
일 년이 지나고 수십 년이 지나도
그해 봄은 오롯이 기억한다

***
비슬합창단 동아리방을 기억하며

그는 알고 있었습니다

달빛이 너무 영롱해
그대 잠 못 들고 뒤척인다는 것을
별빛이 너무 밝아
그대 저 하늘 맴돌고 있다는 것을
그는 알고 있었습니다

밤하늘 고운 달빛으로
그대 사랑 그려내고 있다는 것을
수없이 많은 별빛들로
그대 사랑 찾아내고 있다는 것을
그는 알고 있었습니다

기쁨으로 오롯이 달을 돌고
아람으로 사뿐히 별을 딛어
그대와 기억 할 우주의 별자리
마법처럼 찾아가리라는 것을
그는 알고 있었습니다

기억하자 오일팔

좋은 세상을 만들어 놓은 이 땅
선배들의 숭고한 피의 울음소리
그들이 쏟은 정의의 눈물과 피
이 땅에 민주의 꽃으로 피어나

젊음을 던지고 꿈을 던진 영혼들
이슬 내리는 새벽이 왔음에도
그날의 숭고한 감격의 기쁨으로
쉽게 잠을 청하지 못하고

동네 뒷산에서 울려 퍼지는
구슬픈 소쩍새 울음소리
숭고한 영혼들을 위해 위로하듯
여름 새벽에 구슬프게 우네

허공에 울려 퍼지는 닭 울음소리
자유의 외침으로 날이 밝으니
그들의 목숨 빚으로 만든 세상
치열하게 살으라 노래하네

나를 위한 기도 2

상한 마음에 위로를 주시고
하나님과의 믿음을 회복하여 주시고
사람들과의 교제를 회복하여 주시고
제가 걸어갈 길마다
많은 사람을 만나게 해주시고
무엇보다 기록된 말씀으로
씨앗을 뿌리는 사람
그곳에 물을 주는 사람
약을 치고 잡초를 제거하는 사람
믿음의 교제를 나눌
친구도 만나게 해주시옵소서
지쳤을 때
토닥거려 주는 사람도 필요합니다
하나님께서 주신 나그네 인생길
길을 열어 주시고 책임져 주시옵소서
그 길을 주님께 의지하는
믿음도 더하여 주시옵소서
약한 믿음 일지라도
저의 기도를 기억하여 주시옵소서

내 안에 그대 있고, 그대 안의 내가 있네

그대가 오신다면
그대가 내 곁에 오신다면
그대 마음 내 심장에 담겠어요

그대 마음 담은 내 심장
그 심장으로 그대에게 달려가
그대 심장에 내 마음을 담겠어요

멀리 있어도 가까운 공간
좋은 시간에 내 안에 그대 있고
좋은 하루에 그대 안에 나 있으니

내 안에 있는 그대의 심장 떨림
그대 안에 있는 나의 심장 떨림
그 떨림의 소리가 하나의 울림

행복하고 행복합니다

농부의 향연

어디에서 불어 준 바람인지
봄 향기를 머금고 감춘 채
세상으로 얼굴 내민 봄의 향연

거름 주고 물을 뿌려 숨 쉬게 한
꿈과 정성 사랑으로 일궈낸 땅
생명의 뿌리 튼튼한 농부의 땅

자식처럼 키운 포도나무 아이들
아비의 정성과 사랑을 아는지
눈물 흘려 살아 있노라 알리고

수년의 생각과 목표한 귀농생활
즐거움으로 봄의 향연을 즐기고
기쁨으로 수확의 향연이 되리라

***
초등친구 오상택의 귀농생활

눈을 감고 살며시

눈을 감고 살며시
당신의 사랑을 바라보세요
가슴 가득 살며시
당신의 사랑을 불러 보세요
마음 다해 살며시
당신의 사랑을 안아 보세요

살며시 눈을 감으면
사랑이 당신에게 보일 거에요
살며시 눈을 감으면
사랑이 당신에게 들릴 거에요
살며시 눈을 감으면
사랑이 당신에게 안길 거에요

사랑으로 사랑으로
우리의 사랑 이어 갈 거에요
나의 사랑으로
당신의 사랑으로

꽃바람 불어 좋은 날

하늘은
그대 마음에 눈물을 적셔

구름은
그대 마음을 덮어 버려

바람은
우리를 휘감아 스치듯이

꽃잎은
떨어지며 그대와 나를 안아

향기는
그대와 나의 입술에 닿아 달콤해

봄, 봄은
그래서 좋아
꽃바람 불어 좋은 날

상록의 계절

청춘의 계절이 찾아온 봄은
나의 가슴에 초록으로 물들이고
삼월의 따스한 햇살이
나의 가슴에 사뿐히 스며들어

역사에 남길 오늘을 넘기면서
보석 같은 우리들의 젊음을
해와 달과 별들이 기억하듯
백의민족의 새역사를 이루고

바람이 전해준 주권의 날에
나의 가슴에 불꽃을 피워
삼월의 영롱한 달빛이
나의 가슴에 대한을 기억하고

너와 나 희망으로 아우르는
꿈결 같은 우리들의 세상은
해와 달과 별들이 돌아오듯
상록의 계절로 이어 가리라

***
대한민국 제20대 지도자 주권 행사를 하며

뿌리 깊은 나무

나도 그대를 향해 걷고
당신도 나를 향해 걷고
나는 그대에게
그대는 나에게
우린 그렇게 만났습니다

그대와 나
같이 걷다가 머문 자리
그대 자리는 내 가슴이고
내 가슴이 그대 자리입니다

그대와 나 머무는 곳
열매 맺는 뿌리 깊은 나무
한 그루 심어서
그대 사랑이 열리고
나의 사랑이 익어가니

더울 때 그늘이 되고
비 올 때 우산이 되는
그 누구도 뽑을 수 없는
깊은 뿌리 내려요

생각보다 많이

기억이 지워져 버린 그 날도
알고 있었을 것입니다
당신을 위해 숨 쉬고 있었다는
사실을

기억할 수 있는 이 순간에도
알고 있을 것입니다
당신의 사랑이 얼마나 크다는
사실을

기억할 수 없는 먼 훗날에도
분명 일고 있을 것입니다
당신이 그 사람의 별이라는
사실을

당신의 사랑을
그날과 이 순간, 그리고 먼 훗날
기억하고 있을 것입니다
당신의 생각보다는 더 많이

나의 여왕 오월

신록의 계절
푸르고 무성한 나뭇잎
열두 달 중의 오월은
계절의 여왕이지

올해의 여왕인 너
과거의 그 어떤 여왕보다
더 매력적이고 아름다워
세상 사람들도 알고 있어

모두가 너를 사랑해
나도 너를 사랑해
널 사랑하지 않는다면
내 청춘이 눈물을 보일 거야

너를 만난 지 오십 번
매번 바람처럼 내 곁에 머물다
어느새 떠나버린 나의 여왕
변함없이 나를 품어줘

오롯이 찾아온 춘녀

모든 계절 중 한 계절은
다시 날 찾아와 함께 해

오롯이 찾아온 그녀는
요란스럽게 다가와

거추장스럽게 화려하고
아름답게 향기로워

꽃향기 그윽하여
나의 마음 설레게 해

그대와 나 사랑의 계절
아람다운 향기 뿌려
사랑의 꽃길 걸어가자

운명으로 시작된 사랑의 전설

깊은 바다에 가라앉은 귀한 아름다운 보물을
누군가 발견하여
그 놀라움에 감격하듯, 한 남자의 가슴에서
꿈틀거리던 사랑이라는 단어를
한 여인이 자극하여 가슴을 설레게 하는 시간들을
보내고 있는 만남은 이렇게 시작되었습니다

지금의 그는 직장을 다니며 안정된 삶을 살아가고
있으며
젊은 시절에 가정을 이루었지만 아픈 상처를 남긴
이별을 겪으며
그의 젊음이 사라진 세월이 십 년이었습니다

나이 오십에 자기 일이 아니면 방관하며 관심을
끊고 살아가는 시간들로
어느새 서투른 어른이 되어가는 자신을 반추하며
아픔을 간직한 가슴에 꽃씨를 뿌리며 꿈을 꾸며
쉰 살에 다시 인생의 꽃을 피우며 살고 싶은
소망을 간직한 그 남자였습니다
그런 그가 다시, 사랑을 하게 되고
이런 이야기를 들려주며 동기부여가 된 순간들을

오래도록 기억하고 싶다고 하더이다

십 년 전 사별을 하고 가족도 없이 혼자 외로움을
간직한 그녀,
꿋꿋한 모습으로 식당에서 설거지와 서빙을 하는
그녀를 운명처럼 만나게 된 후로
서로의 안부를 묻는 사이가 되었습니다.
그러면서 살아가는 이야기를 나누게 되었고
그녀의 모습 그대로를 좋아하게 되었답니다.

하지만 그녀는 그 사내를 좋아하는 감정은
있었으나, 마음을 열고 다가오지는 않는 듯하였고
그러한 그녀와는 인연이 아니라고 생각되어
잊으려고 했었답니다.

서로를 알고 지낸 지 오십일이 되었을 즈음에
그녀에게 문자 한 통을 받았다고 합니다
"말하지 못한 것이 있는데 들어 달라고,
나를 좋아하는데 말하지 못했으며,
힘들고 외롭게 살면서 당신이 운명처럼
다가왔다"라는 문자를 남겼답니다

"당신을 만나려고 그 긴 세월을 보냈나 봅니다,
이젠 바보처럼 내 가슴에 생채기를 내지 않겠어요"
라며 그에게 고백을 했답니다

일 년이 지난 지금은 아침에 눈을 뜨면
안부의 전화를 해서 사랑한다는 말을 해주는
사이가 되었답니다
그도 그런 그녀를 더욱 사랑하게 되었습니다

그녀가 태어나고 그녀의 아버지가 낮에 보아도
곱고 밤에 보아도 곱다고
해월이라 이름을 지었다고 합니다.

그가 부르는 그녀의 애칭은 해달입니다.
호랑이를 피하여 하늘로 올라간 해와 달이 된
오누이 이야기가 떠올라
그녀를 부를 때 해달이라 부른다고 합니다.

그는 그녀에게 드라마 제목처럼
해를 품은 달이지 않고,
달을 품은 해가 아닌
해와 달을 품은 천사라고 말했습니다.

그 천사는 이 땅에 내려와 달을 사랑하고
해를 사랑하며
그들의 사랑을 더 사랑하는 사람이 되었습니다.
지금은 어느 곳, 어느 때든지
늘 그의 곁에 있을 해월이라는 이름을 가진 그녀.
눈을 감아도 그녀가 보인다고 합니다

그녀는 가끔 기타를 치며 노래를 불러주는데,
하루는 그녀가 그를 바라보며 말하고 싶은 것을
종이에 적어 달라고 했었습니다
나는 당신을 좋아한다 사랑한다라고
그녀를 바라보면서 적어 주었고,
그녀는 당신을 보고 싶다 사랑한다라고
그를 바라보면서 노래로 속삭여 줬다고 합니다
그는 언제나 귀를 기울이고 그녀만 바라보면
달달한 노래가 들려 온다고 합니다.
그는 그녀를 만난 건 행운이라고 하더군요
같은 시간 두 사람에게 찾아온 그 행운,
그들 두 사람은 그 행운을 사랑이라 합니다
운명처럼 서로 행운을 나누며 사랑합니다

그 이야기를 들은 저는 운명이란 뜻을 찾아보니
'인산을 포함한 우수의 일제를 지배한다고
생각되는 초자연적인 힘이며, 미래의 존망이나
생사에 관한 처리'라고 표현하더군요.

신은 수많은 사람과 운명이 얽힌 곳에
그와 그녀를 던져 놓고는
그들에게 같은 마음을 주어 서로를 생각하게 하고
그리워하게 하고
가슴이 콩닥콩닥 뛰게 하며
아파도 못 견디게 아프게 하고
쓸데없이 가슴앓이를 주었지만

한편으로는 그들의 모습이 애처로운지
같은 열병을 앓게 하고
그들의 모습이 사랑스러운지
같은 약을 처방해 주어
그로 인해 그녀 마음 앞에 그를 서있게 하고
그의 마음 앞에 그녀를 서 있게 합니다

또한 그들 두 사람이
함께하지 못하던 시간 중에도 사랑하지 않을 수도
있었을 텐데,
신은 그와 그녀의 기억에 저장해 놓았던 건
운명적인 그들의 사랑이라고 말했습니다

공허했던 그의 마음을 채워주는 그녀와
행복한 순간을 영원히 기억할 것이라고 말하면서
서로를 위해 숨 쉬고 있었다는 사실을 안 그날도,
그들의 사랑을 신도 부러워하는 이 순간에도,
기억할 수 없는 먼 훗날에도 그가 그녀의 별이듯
그녀도 그의 별이라는 사실을
기억할 것이라고 전했습니다

신이 주신 나그네 인생 오십 년이지만
그녀로 하여금 어린 어른의 모습으로 살아
길을 잃지 않는 아이가 되렵니다
당신을 나의 나침반 삼아
길을 잃지 않는 아이가 되렵니다

그가 그녀를 떠올리며 저에게 이러한 사실을 알려주길 원했습니다
내 앞에 나타나 내 삶을 채워준 고마운 당신
"소박하고 서로가 지극히 원하는 꿈
매일매일 당신의 노래를 듣고 싶은 내 꿈과 같이
살면서 밥상 차려 주고 싶다던 당신의 꿈,
각자의 삶을 살아가지만
꿈도 우리의 사랑처럼 운명이니까
반드시 이루어질 거야", 라고…
"당신 내 말 듣고 있지?"
"지금 이 행복한 순간이 앞으로 몇 년이 흐르고
몇십 년이 흘러도 변함없을 거란
서로의 약속을 지킬 수 있을 거야
함께 나누고 있는 이 소중하고 아름다운 시간마저
나는 사랑하겠다"라는 진심을
전해 달라고 했습니다
그가 그 두 사람의 사랑을 위해 시를 적었는데
고혹하게 들려주었습니다.

***

창작의 소재로 아름다운 사랑을 전해준 그들과 글을 쓸 수 있도록 응원하며 도움을 준 친구와 DKFC 멤버들, 삽화로 글에 옷을 입혀 준 일러스트 강민규님께 감사함을 전합니다.

이별 주酒

꽃가루 바람에 실려 온 날
장미꽃 향기 풍성한 계절
봄에서 여름으로 가는 시간 속
노크도 없이 찾아온 무더위

아! 계절의 여왕
너를 떠나보내야 하는가?
조금만 더 내 곁에 있어 줘
부탁의 말 한마디를 듣고도

라일락, 목련, 아카시아, 꽃들이
사그라든 자취가 서운해
그들이 준 마지막 꽃잎으로
향기로운 이별주를 마셨다네

청춘가

서쪽 하늘 동쪽 하늘
시원한 산들바람에
꽃향기 가득하고

봄 햇살 내리는 오월
그대 내 품으로 안기니
내 마음 푸르게 물들고

그대만큼 청춘의 세월
꿈 같은 내 세상 살리요

위대한 베스트셀러

당신은 사랑받고 살고 계신 거 맞죠?
당신의 모든 것을 알고 계시는
그분이 주신 우리 모두의 기득권
누리고 계신 거 맞죠?

손가락의 지문도, 몸속의 DNA도
같은 사람은 이 세상에 없습니다
오직 당신 한 사람을
그분이 당신을 특별하게 창조하셨습니다
그래서 당신을 특별하게 사랑하십니다

나도 알고 있는 사실
당신도 알고 있는 사실
그분의 사랑으로 우리는
사랑하고 사랑받기 위해 태어났습니다
내가 그대를 사랑합니다
이 우주 최고의 특별한 사랑을

지상에서 가장 위대하고 사랑받는
베스트셀러에 기록되어 있습니다
그 책의 시작은
"태초에 하나님이 천지를 창조하시니라"

친구가 친구에게

끊어지는 한마디 한마디
슬픈 듯 가라앉는 작은 목소리
다는 아니지만 그 순간을 느꼈어
그때 그랬었구나

목소리로 전해진 너의 기분
속 울음을 울었을 것인데
슬퍼도 슬프지 않은 척
우린 그러지 않아도 되잖아

서로가 모두 아는 건 아니지만
마음을 털어놓는 나의 친구
그날 바람이 전해준 너의 기분
모르는척해서 미안해

내가 이 세상이 아름다운 건
나를 응원해 주는 친구
늘 힘을 불어 주는 친구
네가 있어서 일거야

그런 너의 마음을 느끼라고
바람이 바람을 불어 가르쳐 준다
그래서 더 미안해 친구야

*나의 뮤즈인 소중한 친구에게

타임캡슐

무더위와 장마로 여름을 보내고
천고마비의 가을과 큰 추위 없이 겨울을 보내고
시간은 흘러 생기를 주는 봄이다

시간은 거북이처럼 느리게 지나가기도
기차처럼 빠르게 지나가기도 할 것이다
나는 잠시 아련한 꿈속 여행을 한다

눈을 감고 상상의 나라를 여행하면
지금의 삶이 상상할 수 없는
이 년 전의 멀지 않은 과거와
팬데믹이 끝나 활기찬 미래가 펼쳐진다

자신만의 타임캡슐을 타고 여행을 한다
꿈은 이루어질 수도 이루어지지 않을 수도 있다
삶을 더 아름답고 풍족하게 하는 꿈은
이 세상 사람 어느 존재나 꾼다

현실보다 더 진실성이 있든 없든
기차처럼 빠르고 거북이처럼 느려도
꿈꾸는 시간마저 소중하다는 것을
나만의 타임캡슐로 내가 꿈꾸는 세상
그 세상 속으로 한 걸음 더 나아간다

희망찬 날갯짓

기약 없는 거리두기
우리들의 생을 가두고 있어
내 마음과 그대들의 마음
미약하고 텅 비어있는 공허함

보라!
공중을 힘차게 날고 있는 작은 새들을

바이러스에 계절을 뺏기지 말고
저 새들처럼 자유롭게 자유롭게
희망의 날개를 달고
우리의 봄을 신명 나게 날아오르자

다시!
우리들의 소중한 젊은 날을 위해

5부
동화 같은 사랑

soul mate

하늘은 보는 사람이
행복하면 푸른 색깔
우울하면 잿빛 색깔
사람 마음 비춰주는 거울

물은 아주 투명하지
하지만 바다는
하늘의 거울이라
하늘 색깔과 같은 색

하늘과 바다는
언제나 마주 바라보는
서로의 soul mate

지금의 하늘은
언제나 마주 바라보는
그대의 soul mate

꿈

꿈을 포기하면
희망없이 살아가는 동물이고
꿈을 잃은 사람은
살아있는 것이 아니야

어떤 꿈은
그 자리에 멈춰져 있게 하고
어떤 꿈은
우리를 살게 도와줘

그대가 원하는 꿈
이뤄가고 있다고 상상해봐
삶에 있어서, 비타민이야
그것은 설명할 수가 없어

직접 겪어봐야 해

동화 같은 사랑

그대는 정말 매혹적이에요
그래서 푹 빠지고 말았죠
이곳에 사는 사람들
그대를 알아보지 못해요
그대는 모든 것을 떠나왔죠
그대는 강인한 사람이에요

내가 누구며 그대가 누구인지
내가 그대를 알아야 하는지
그대가 나를 알아야 하는지
내 인생에서 그대가 중요한지
그대 인생에서 내가 중요한지
서로 중요한 것을 잃은 우리

서로가 바라는 사랑 미소 행복
잃어 가고 있는 것을 아나요?
그대가 다시 나를 찾을 날
내가 다시 그대를 찾을 날
언젠가 그날이 오겠지요?

우리 사랑도 동화처럼
단순하면 좋겠습니다

요정의 약속

구름 없는 하늘
투명한 물방울 뿌려대고
이팝나무의 무성한
파란 잎들에 스며들어
초록 요정 요술을 부리더니
초록색 물방울 떨어지고

우산들로 가득한 거리
빨주노초파남보 노래 부르며
빨간 요정은
빨간 물방울 만들고
주황 요징은
주황 물방울 만들고

무지개 요정은
일곱 색깔의 물방울 띠를 만들어
구름 사이 하늘에 걸어놓고
그대가 날아오를 맑은 하늘
그대가 펼칠 찬란한 무지개 인생
그 위대한 약속 곧 이루어지리라

발가벗은 내 모습

시원한 산속에 들어와 앉아
보는 이 아무도 없어
몸에 걸친 옷 하나씩 벗어

아픔의 옷을 벗고 슬픔도 벗고
상처 실망 좌절 실패도 벗었지

행복의 옷을 벗고 웃음도 벗고
별 꿈 희망 믿음 사랑도 벗기고

겹겹이 어찌나 많은지
몸은 가벼워져 버릴 옷들
산골짜기에 깊숙이 묻어버렸지

알몸이 되어 있는 내 모습
누가 볼까 봐 창피하기도 해
어떤 옷을 먼저 입어야 할까?

봄날은 간다

한사람이 다른 사람을
가슴에 품고 알아가는 설렘
모든 이가
첫사랑과 마지막 사랑을 한다

하지만
처음에 사랑한 사람이
마지막으로 사랑한
사람이 아닐 수도 있다

이별도 겪으면서
누군가 그러더군요

'사랑은 죽을 때까지
우리 삶의 주제이며
평생 안고 가는 과제'라고

봄날이 가듯
사랑도 끝없이 변한다고!

사랑의 기부, 헌혈

살기 좋은 세상 이어가고
아름다운 생명 이어가는
내 소중한 사랑을 나눠
생명의 사랑을 맛봅니다

때론 짭짤하기도 하고
단백하고 고소한 맛
내 소중한 피를 나눠
생명의 사랑을 맛봅니다

1초의 따끔한 찡그림으로
그 사랑을 한 번 나누면
세 명의 생명을 살리고
그 생명에 사랑을 전합니다

많은 사람을 살리는 사랑
그 사랑을 두 번 나누면
나의 생명을 더 사랑합니다
헌혈은 아름다운 사랑입니다

사랑은 또 다른 이별

우리 인생 백 년 갈까요?
아마 꿈이겠지요?
그대를 많이 생각하지 않을래요
그대를 많이 사랑하지 않을래요

우리 인생 백 년 갈까요?
아마 꿈이겠지요?
그대 나를 많이 생각하지 말아요
그대 나를 많이 사랑하지 말아요

우리 인생 백 년은 가려나
아마 꿈일 테지
우리 가슴에 큰 사랑 담지 말아요
담은 사랑만큼 이별을 겪을 테니까

산수국

무더운 여름
산에서
들에서 동네에서
흔하디흔한 꽃송이
하얗게 피어난 산수국

신이 보낸 비바람을 견디며
꽃말처럼
마음이 변하니 몸도 변심이네
카멜레온처럼
몸이 이랬다저랬다

분홍 파란 보라색으로
벌과 나비를 유혹해
진실의 가면을 벗기면 헛꽃
거짓의 가면을 벗기면 참꽃
하나의 몸에 두 얼굴이라

하지만 충분히 아름다워
그런데 말이야
산수국
너는 진짜일까 가짜일까?
반만 진짜일까?

아침

깨어있는 검은 새벽
뒷산 중턱에서 맞는 하얀 아침

안개가 고양이처럼 고요하게
밀려왔다 금세 사라지고
날이 밝았노라!
아침이 왔노라!

비둘기 달콤하게 콧노래 부르고
싱그러운 자연향기
편안한 느낌으로 다가온
평화 자유 일상

숲속 음악가들

호르르 호르르
작은 새들 날갯짓으로
숲속 음악이 시작되어

맴 맴 맴 매 엠
칠 일을 세상에서 산다는
매미 울음소리
서곡으로 들리고

찌르르 찌르르 찌르르
이름도 알 수 없는
풀벌레와 곤충들
그 떨림들이 조화를 이뤄

저음으로 고음으로
지지배배 비비 배배
제비 종달새
지저귀는 울림

숲속 모든 곤충과 새들
서로의 떨림과 울림으로
숲이 주는 감사를 전하네

완전한 꽃길

꽃이 피어 있는 길이 있다
꽃이 지고 잎들이 떨어져 있는 길이 있다
두 갈래 길이지만 그 끝에는 한 길이다

축복받는 모든 사람의 삶이
피어 있길 소망하는 마음이 담긴 길은
아마, 꽃이 피어 있는 길일 것이다

꽃잎이 떨어진 길은 어떠할까?
화려함도 없고 볼품도 없는
불확실한 길일까? 아니다

그 길은 영광의 눈물길이다
우리네 인생 힘겨운 겨울을 살아내고
나무도 추운 겨울을 버텨야 살 수 있다

우리 삶의 추운 겨울인 좌절, 실패, 절망
바람 불고 비 오는 궂은날을 견디면
인생의 꽃을 피울 봄을 맞이한다

나무의 추운 겨울은 스스로 만든 잎을
떨어지게 하는 아픈 희생을 견디면
아름다운 꽃을 피우는 봄을 맞이한다

실패란 길이 다가왔을 때
좌절이란 길이 다가왔을 때
절망이 내 앞에 서 있을지라도

당신의 가슴속 당신의 삶
꽃을 피우기 위한 희생인 것이다
당신을 빛 내줄 영광의 눈물길이다

희생이 있는 눈물길이야말로
나와 당신이 걷고 있는
완전한 꽃길일 것이다

인생은 우주로 가는 여행

서쪽 하늘 몽실몽실 구름
수억만 리 넘어 보이는 별을 덮고
눈에 보이지 않는 우주까지 덮어
저 둥근 불덩이를 가리네

서쪽 하늘 몽실몽실 구름
황금빛으로 활활 타오르고
우리도 산을 넘고 바다를 넘어
우주로 가는 길 따라 가보자

산을 걸어가다 옹달샘이 보이면
물 한 모금 마시며 쉬어가고
산을 넘어가다 버거우면
독수리 다리를 잡고 넘어가자

바다를 헤엄치다 무인도가 보이면
가쁜 숨 고르며 쉬어가고
바다를 수영하다 버거우면
고래 등에 업혀 바다를 건너자

먼 곳 향해 걸어갈 세상
나 그대들 우리는 태양의 후예
서로 아우르는 하늘과 땅과 바다
힘이 넘치는 우주를 같이 걸어가자

일기예보

아침에 떠오른 별은
구름을 뚫고 나와
자신의 모든 것을 불태우며
사랑을 보여주기 시작하고

황홀하고 뜨거운 입맞춤
심장까지 녹여 내려
그 거부할 수 없는 사랑
피하고 싶어 눈을 지그시 감는다

또 다른 사랑이
'안녕, 오랜만이야!'
뜨거운 사랑이 지칠 때 찾아온다

이번에는 얼마나 기억되려고 왔는지
얼마나 내 가슴에
생채기를 내려고 왔는지

비와 바람이 합세한 폭풍우 사랑
천둥을 동반한 번쩍이는 사랑
풋사랑처럼 질주하다 사라진다
장마가 걷힌 오후

침묵의 밤이 끝나면

조심스럽게 몸을 일으켜
발을 내디뎌 보지만
달도 별들도 말을 하지 않아
빛이 없는 밤이 침묵하네

저곳이 산이었던가?
그 위에는 하늘이었던가?
나무들도 말이 없고
구름도 침묵하네

아침이 오면 말을 하려나
소통 없는 밤의 감옥에 갇혀
조심스럽게 내디딘 길
내 눈도 어둡고 귀도 어두워

우리 심장을 갈라놓은 침묵의 밤
곧 태양이 뜨는 아침이 오리니
어둠을 송두리째 빛으로 바꾸며
갈라놓은 심장을 하나로 만드네

신춘문예 샘문학상 수상 시인

파도의 노래, 흰 꽃

강성화 서정시집

발행일 _ 2022년 8월 30일
발행인 _ 이정록
발행처 _ 도서출판 샘문
저　자 _ 강성화
감　수 _ 이정록
기　획 _ 박훈식
편집디자인 _ 신순옥 한가을
인　쇄 _ 도서출판 샘문
주　소 _ 서울특별시 중랑구 동일로 101길 56, 3층(면목동, 샘포빌딩)
전화번호 _ 02-491-0060 / 02-491-0096
팩스번호 _ 02-491-0040
이메일 _ rok9539@daum.net / saemteonews@naver.com
홈페이지 _ www.saemmoon.co.kr (사단법인 문학그룹 샘문)
　　　　　www.saemmoonnews.co.kr (샘문뉴스)
출판사등록 _ 제2019-26호
사업자등록증 등록 _ 113-82-76122
샘문사이버교육원 (온라인 원격)-교육부인가 공식교육기관 _ 제320193122호
샘문평생교육원 (오프라인)-교육부인가 공식교육기관 _ 제320203133호
샘문뉴스 등록번호 _ 서울, 아52256
ISBN _ 979-11-91111-40-8

본 시집의 구성은 작가의 의도에 따랐습니다.
이 책의 저작권은 저자와 도서출판 샘문에 있습니다.
무단 전재 및 표절, 복제를 금합니다.

　파손된 책은 구입처에서 교환해 드립니다.
　본지는 한국간행물 윤리위원회 윤리강령 및 실천요강을 준수합니다.